Math in Focus®

Singapore Math®
by Marshall Cavendish
en español

Práctica adicional y tarea

Consultor del programa
Dr. Fong Ho Kheong

Autor
Dr. Ng Wee Leng

Distribuidor en Estados Unidos

Published by Marshall Cavendish Education
Times Centre, 1 New Industrial Road, Singapore 536196
Customer Service Hotline: (65) 6213 9688
US Office Tel: (1-914) 332 8888 | Fax: (1-914) 332 8882
E-mail: cs@mceducation.com
Website: www.mceducation.com

Distributed by
Houghton Mifflin Harcourt
125 High Street
Boston, MA 02110
Tel: 617-351-5000
Website: www.hmhco.com/programs/math-in-focus

First published 2020

ISBN 978-0-358-30997-0

Printed in Singapore

4 5 6 7 8 9 10 11 1401 30 29 28 27 26 25
4500904701 B C D E F

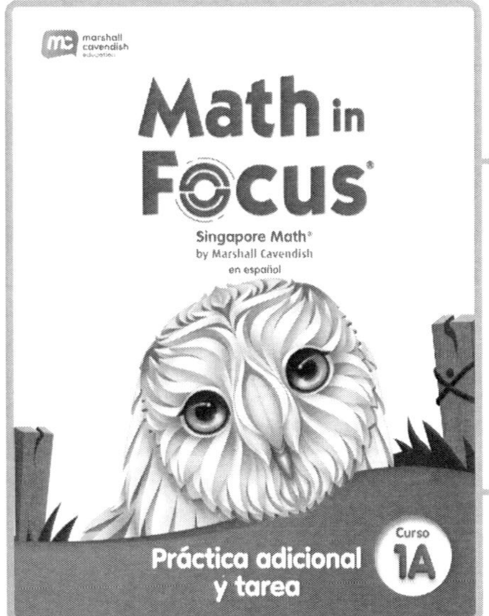

La ilustración en la portada muestra una lechuza.
Las lechuzas viven en los árboles o a veces en lo alto de los graneros. Son principalmente nocturnas, o sea que salen en general por la noche. Tienen ojos grandes fijos, así que recurren a su capacidad de girar el cuello 270° para mirar a su alrededor. Los oídos son de forma y colocación asimétrica, lo que permite que el cerebro calcule la ubicación exacta de su presa en la oscuridad total. Son cazadoras excelentes, que se alimentan principalmente de roedores.

Contenido

Prefacio

Math in Focus® ***Práctica adicional y tarea*** es un complemento del Libro del estudiante diseñado para reforzar tu aprendizaje.

El libro ofrece actividades y problemas detalladamente pensados que reflejan lo que has aprendido en el Libro del estudiante.

- Las **Actividades** están diseñadas para lograr una mayor comprensión de los conceptos matemáticos y a desarrollar la confianza en tus aptitudes en esta materia.
- El **DIARIO DE MATEMÁTICAS** sirve para ayudarte a reflexionar sobre lo que has aprendido en el capítulo.
- **¡DESAFÍA TU MENTE!** permite mejorar el pensamiento crítico y las destrezas de resolución de problemas, además de retarte a resolverlos de nuevas formas.

Puedes usar la calculadora cuando aparezca.

PÁGINA EN BLANCO

Nombre: ______________________ Fecha: ______________

Práctica adicional y tarea

Números enteros, números primos y descomposición en factores primos

Actividad 1 Descomposición en factores primos

Encierra en un círculo todos los números primos.

1.

1	3	5	7	9	11	13	15	17	19
21	23	25	27	29	31	33	35	37	39
41	43	45	47	49	51	53	55	57	59
61	63	65	67	69	71	73	75	77	79
81	83	85	87	89	91	93	95	97	99

Escribe cada número como el producto de sus factores primos.

2. 18 ______________

3. 27 ______________

4. 45 ______________

5. 54 ______________

6. 325 ______________

7. 360 ______________

8. 450 ______________

9. 595 ______________

Resuelve.

10. 486 es 2 × 3 × 3 × 3 × 3 × 3 cuando se escribe como el producto de sus factores primos. Escribe 972 como el producto de sus factores primos.

Halla una relación entre 486 y 972.

11. 750 es 2 × 3 × 5 × 5 × 5 cuando se escribe como el producto de sus factores primos. Escribe 3,000 como el producto de sus factores primos.

12. 63,000 puede escribirse en función de sus factores primos así: 2 × 2 × 2 × 3 × 3 × 5 × 5 × 5 × 7.

a Escribe 6,300 como el producto de sus factores primos.

b Ahora, escribe 630 como el producto de sus factores primos.

Nombre: ____________________ Fecha: ____________

Práctica adicional y tarea
Números enteros, números primos y descomposición en factores primos

Actividad 2 Factores comunes y múltiplos

Halla los factores comunes de cada par de números.

1. 18 y 50
2. 25 y 75
3. 36 y 90
4. 56 y 80

Halla el máximo factor común de cada par de números.

5. 18 y 27
6. 42 y 54
7. 49 y 70
8. 40 y 85

Halla los tres primeros múltiplos comunes de cada par de números.

9. 2 y 5
10. 5 y 6
11. 9 y 21
12. 12 y 18

Halla el mínimo común múltiplo de cada par de números.

13. 8 y 12

14. 12 y 20

15. 18 y 30

16. 18 y 54

Halla el máximo factor común de cada conjunto de números.

17. 12, 48 y 60

18. 40, 66 y 78

Halla el mínimo común múltiplo de cada conjunto de números.

19. 5, 20 y 30

20. 24, 36 y 54

Halla el máximo factor común y el mínimo común múltiplo de cada conjunto de números.

21 14, 28 y 49

22 40, 64 y 72

Resuelve.

 Kevin tiene una cinta lisa y una cinta de rayas. La longitud de la cinta lisa mide 54 pulgadas y la longitud de la cinta de rayas es de 90 pulgadas. Quiere cortar las cintas en pedazos de igual longitud.

a Halla la mayor longitud posible que puede cortar para cada pedazo, de modo que no quede cinta sin usar.

Puedes usar el modelo de resolución de problemas de cuatro pasos como ayuda.

b Escribe la suma de las dos longitudes y quita el número que hallaste en a.

24 Una caja de tarjetas se puede repartir equitativamente entre 4, 5 o 6 estudiantes, y sobran 3 tarjetas cada vez. ¿Cuál es el menor número posible de tarjetas que hay en la caja?

25 Los servicios de autobús A, B y C salen de la estación de Boston cada 3, 6 y 21 minutos respectivamente. Los tres servicios de autobús salen de la estación por primera vez a las 6 a.m. ¿A qué hora será la próxima vez que los tres servicios de autobús saldrán de la estación al mismo tiempo?

Nombre: ______________________ Fecha: ______________

Práctica adicional y tarea
Números enteros, números primos y descomposición en factores primos

Actividad 3 Cuadrados y cubos

Halla el cuadrado de cada número.

1. 4
2. 5
3. 8
4. 14

Halla el cubo de cada número.

5. 2
6. 7
7. 12
8. 15

Resuelve.

9. Haz una lista de los cuadrados perfectos entre 50 y 300 que son números pares.

Un cuadrado perfecto es par cuando el número que se eleva al cuadrado también es par.

10. Haz una lista de los cubos perfectos entre 100 y 350 que son números impares.

Halla el valor de cada expresión.

11 $6^2 + 4^3$

12 $8^3 - 5^2$

13 $3^2 \times 2^3$

14 $9^3 \div 4^3$

15 $3^2 + 7^3 + 4^3$

16 $10^3 + 8^2 - 5^3$

17 $5^3 \times 2^2 - 4^3$

18 $8^2 \div 2^3 + 7^3$

19 $6^2 \times 2^3 + 4^2$

20 $9^3 \div 3^2 - 5^2$

Resuelve.

21 Dado que $15^2 = 225$, halla el cuadrado de 150.

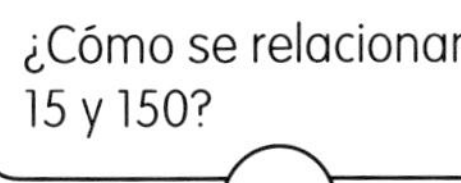

22 Dado que $9^3 = 729$, halla el cubo de 90.

23 Evalúa $15^2 - 12^2 + 10^3$.

24 Halla dos números consecutivos cuyos cubos tienen una diferencia de 127.

25 Eric necesitaba pedazos de papel cuadrados, cada uno con lados de 6 centímetros de longitud, para hacer origami. Primero, tomó un papel cuadrado con lados de 84 centímetros de longitud y lo cortó en los pedazos cuadrados que necesitaba. Luego, cortó otro papel cuadrado con lados de 72 centímetros de longitud para obtener más pedazos cuadrados del tamaño que necesitaba.

a Halla el número de pedazos cuadrados que tenía Eric después de cortar el papel con lados de 84 centímetros de longitud. Escribe tu respuesta en forma del cuadrado de un número.

b Halla el número de pedazos cuadrados que tenía después de cortar el papel cuadrado con lados de 72 centímetros de longitud. Escribe tu respuesta en forma del cuadrado de un número.

c ¿Cuántos pedazos cuadrados obtuvo Eric en total?

26 Se empacaron unos cubitos de hielo similares dentro de un recipiente cúbico grande con aristas de 75 centímetros de longitud, sin espacios entre los cubitos. Más tarde se trasladaron algunos de los cubitos de hielo a un recipiente cúbico pequeño con aristas de 25 centímetros de longitud. La longitud de la arista de cada cubito medía 5 centímetros. ¿Cuántos cubitos de hielo quedaron en el recipiente cúbico grande?

Nombre: ______________________ Fecha: ______________

Hábitos para matemáticas 8 **Hallar patrones**

Lo siguiente muestra tres números cuadrados.

36	225	400

a Escribe cada número cuadrado como el producto de sus factores primos.

b ¿Cuántas veces se repite cada factor primo para cada número cuadrado?

c ¿Es par o impar número de veces en b? Explica cómo se sabe si un número es un número cuadrado al mirar el producto de sus factores primos.

DIARIO DE MATEMÁTICAS

¡DESAFÍA TU MENTE!

1 **Hábito para matemáticas 8** Hallar patrones

a Escribe 756 como el producto de sus factores primos.

b Escribe 3,528 como el producto de sus factores primos.

c Sin usar una calculadora, halla 3,528 ÷ 756.

2 **Hábitos para matemáticas 1** Perseverar en la resolución de problemas

Un juego de mesa rectangular que mide 136 pulgadas por 96 pulgadas está dividido en cuadrados de igual tamaño.

a Halla la mayor longitud posible para el lado de un cuadrado.

b Halla el menor número de cuadrados en el que está dividido el juego.

Nombre: ______________________________ Fecha: ______________

Práctica adicional y tarea

Rectas numéricas y números negativos

Actividad 1 La recta numérica

Escribe los valores que faltan para completar las rectas numéricas.

1. 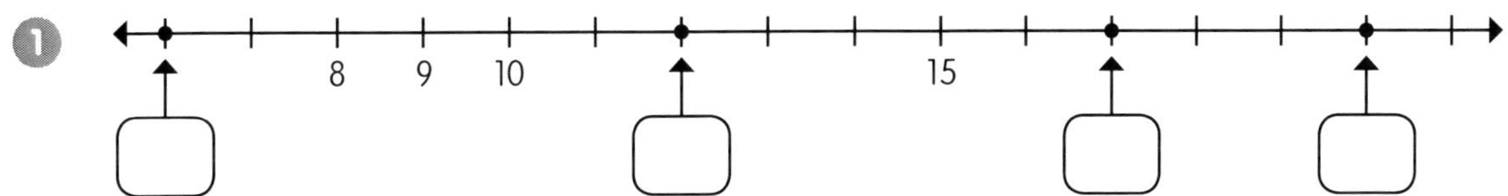

2. 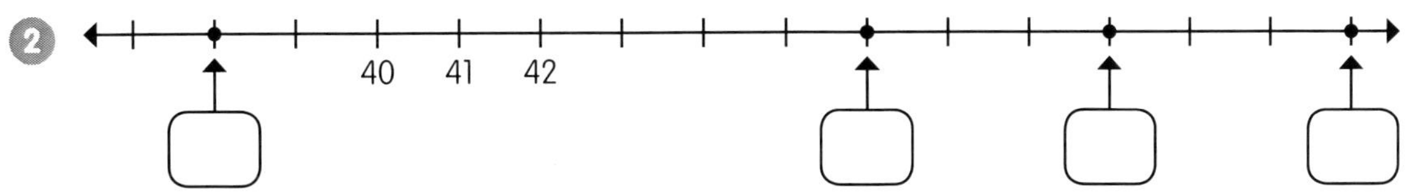

3. 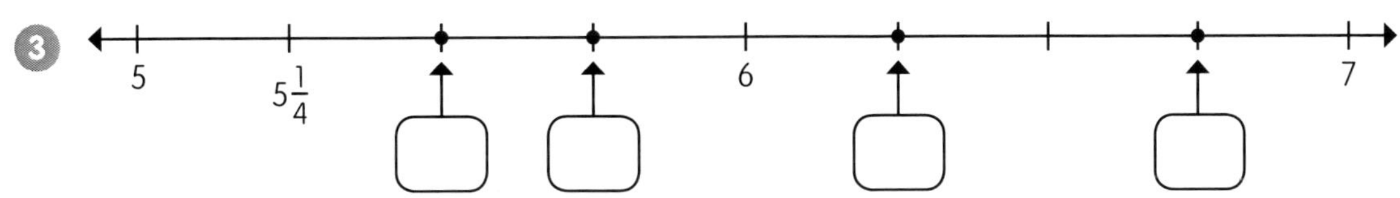

4. 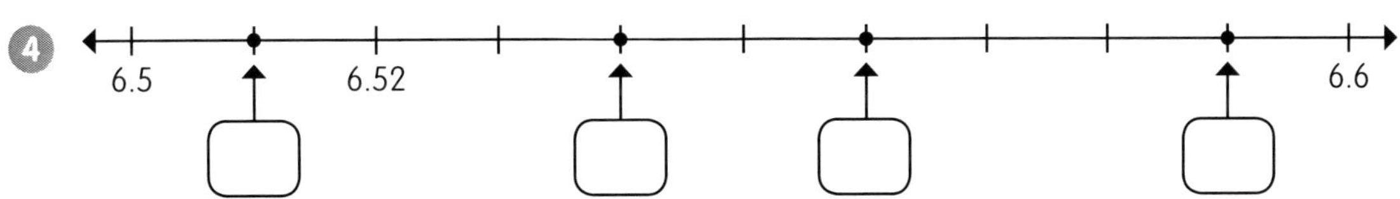

Traza una recta numérica horizontal para representar cada conjunto de números.

5. Números pares entre 10 y 25

6. Números enteros mayores que 25 pero menores que 36

7. Números mixtos entre 2 y 4, con un intervalo de $\frac{1}{5}$ entre cada par de números mixtos

8. Decimales de 8.4 a 9.5, con un intervalo de 0.1 entre cada par de decimales

Traza una recta numérica vertical para representar cada conjunto de números.

9 Números enteros mayores que 35 pero menores que 42

10 Números mixtos entre 7 y 9, con un intervalo de $\frac{1}{4}$ entre cada par de números mixtos

Compara cada par de números usando > o <. Traza una recta numérica como ayuda.

11. $\frac{7}{4}$ ◯ $2\frac{1}{4}$

12. $8\frac{2}{5}$ ◯ $8\frac{2}{7}$

13. $6\frac{3}{5}$ ◯ $6\frac{5}{6}$

14. 12.1 ◯ 11.2

15. 84.97 ◯ 84.79

16. 67.03 ◯ 76.30

Traza una recta horizontal de 6 a 8 para representar cada conjunto de números.

17. $6\frac{1}{3}$, $6\frac{5}{6}$, $6\frac{1}{6}$, $7\frac{2}{3}$, $7\frac{1}{3}$ y $7\frac{5}{6}$

Traza una recta horizontal entre 1 y 3 para representar cada conjunto de números.

18. 1.5, 2.5, 2.25, 1.25 y 2.75

Compara cada par de números usando > o <. Traza una recta numérica como ayuda.

19 $\frac{1}{2}$ ◯ 0.3

20 2.5 ◯ $2\frac{3}{4}$

21 4.25 ◯ $4\frac{2}{5}$

22 $\frac{7}{5}$ ◯ 1.75

23 8.7 ◯ $8\frac{2}{7}$

24 $12\frac{5}{8}$ ◯ 12.58

Resuelve.

25 El perímetro de un álbum de fotos cuadrado es $12\frac{1}{3}$ pulgadas. El perímetro de un álbum de fotos rectangular es $12\frac{3}{8}$ pulgadas. Escribe una desigualdad para comparar los dos perímetros.

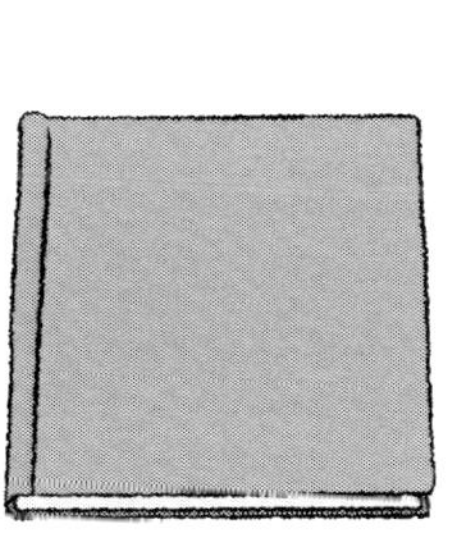
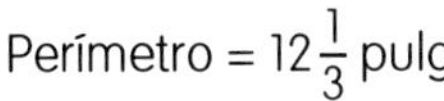

Perímetro = $12\frac{1}{3}$ pulg

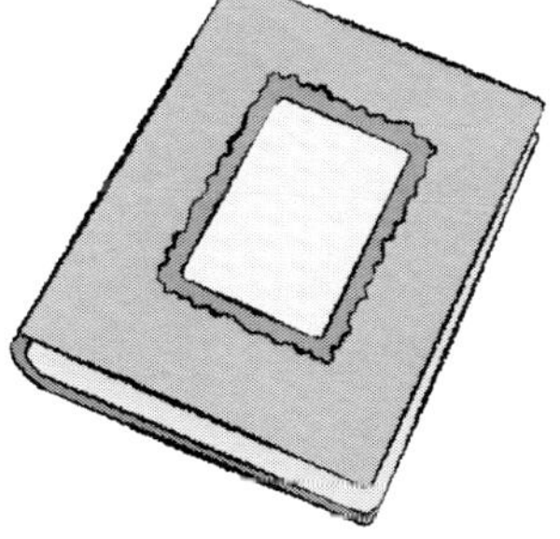

Perímetro = $12\frac{3}{8}$ pulg

26 Una cuerda blanca mide 2.4 yardas de longitud. Una cuerda gris mide $2\frac{3}{4}$ yardas de longitud. ¿Cuál cuerda es más larga? ¿Cuánto más larga?

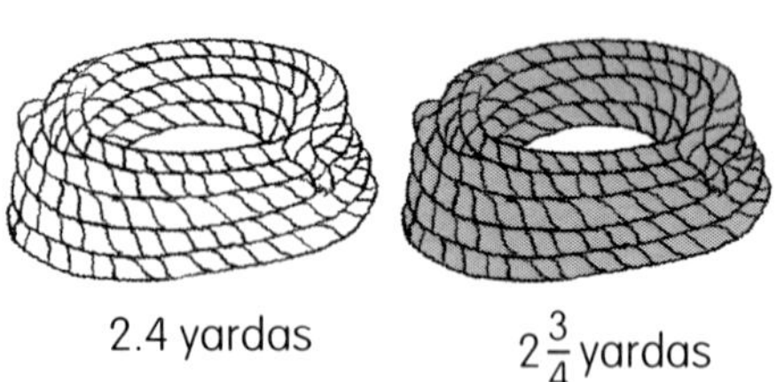

2.4 yardas $\quad 2\frac{3}{4}$ yardas

27 Una jarra contiene 1.45 litos de jugo de manzana. Una botella contiene $1\frac{11}{25}$ litros de jugo de manzana. ¿Cuál recipiente contiene menos jugo de manzana? ¿Cuánto menos?

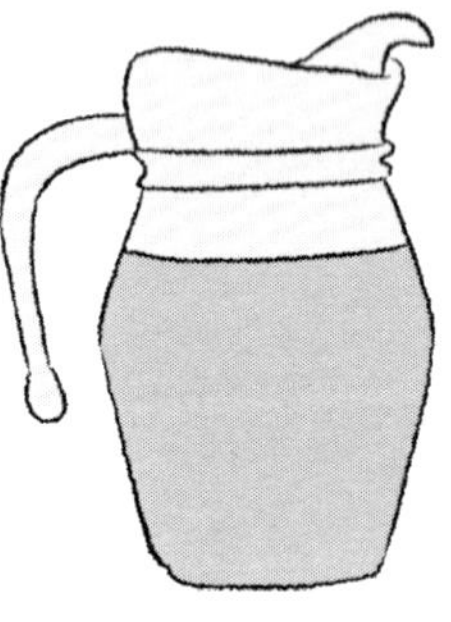

1.45 litros $\quad 1\frac{11}{25}$ litros

Nombre: ______________________ Fecha: ____________

Práctica adicional y tarea

Rectas numéricas y números negativos

Actividad 2 Números negativos

Escribe un número positivo o negativo para representar cada situación.

1. Una ganancia de $280
2. Una pérdida de 123 yardas
3. 2,300 pies por debajo del nivel del mar
4. Un crédito de $6,700
5. 7 °F por encima de cero
6. 7 °C bajo cero

Escribe los valores que faltan para completar cada recta numérica.

7. 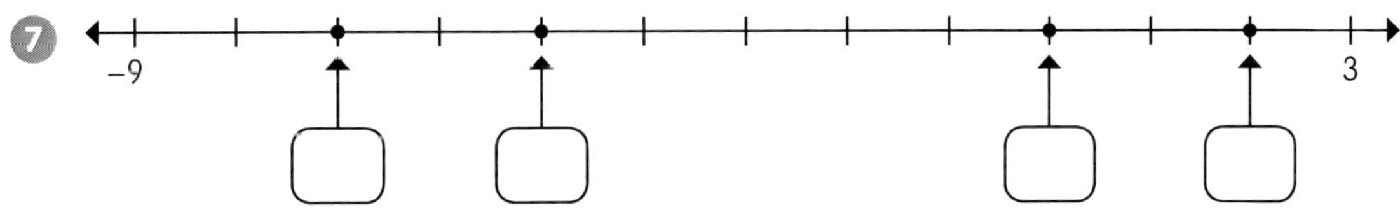

8. 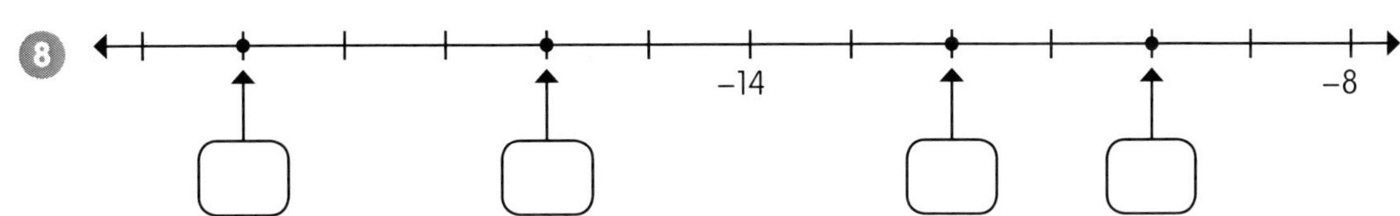

Escribe el opuesto de cada número.

9. 4

10. −15

11. −200

12. 3,200

Traza una recta numérica horizontal para representar cada conjunto de números.

13. Números negativos pares de −9 a −1

14. Números impares de −8 a 2

Traza una recta numérica vertical para representar cada conjunto de números.

15 Números impares entre −5 y 1

16 Números de −4 a 2

Usa la recta numérica para comparar cada par de números usando > o <.

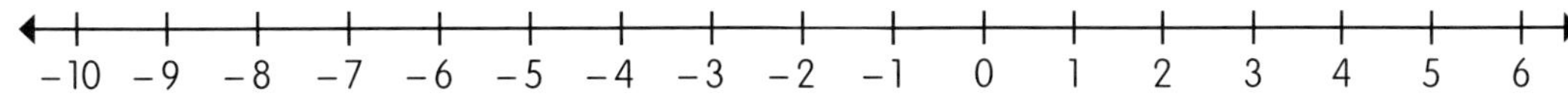

17 −8 ◯ −4

18 −3 ◯ −5

19 −4 ◯ 5

20 2 ◯ 6

21 −1 ◯ 1

22 −9 ◯ 3

Completa cada desigualdad usando > o <.

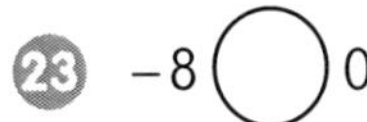

23. −8 ◯ 0

24. 3 ◯ −3

25. 8 ◯ −12

26. −14 ◯ −15

27. −29 ◯ −22

28. −42 ◯ 35

Ordena los números en cada conjunto de menor a mayor.

29. −15, 20, 0, −120, 43 y −300

30. 18, 210, −20, −309, 502 y −40

Ordena los números en cada conjunto de mayor a menor.

31. −10, −65, 110, 80, −280 y 505

32. 52, −456, 75, −214, 18 y −123

Responde cada pregunta.

33 Nombra dos números, cada uno a 3 unidades de distancia de -1. Indica los opuestos de estos dos números.

Traza una recta numérica como ayuda.

34 Escribe una desigualdad usando > o < para el siguiente enunciado:

2,800 pies sobre el nivel del mar es más alto que 1,500 pies por debajo del nivel del mar.

35 Jack y Lily empezaron ambos con 0 puntos al principio de un juego de mesa. Durante el juego, Jack perdió 220 puntos y Lily perdió 180 puntos. ¿Quién tenía menos puntos al final? Escribe un enunciado de desigualdad para comparar sus resultados al final del juego.

Escribe un enunciado para describir cada desigualdad.

36 $-127\ ^{\circ}\text{C} < -98\ ^{\circ}\text{C}$

37 $-\$48 > -\$84$

Nombre: ______________________ Fecha: ______________

Práctica adicional y tarea
Rectas numéricas y números negativos

Actividad 3 Valor absoluto

Usa la recta numérica para hallar el valor absoluto de cada uno de los siguientes números.

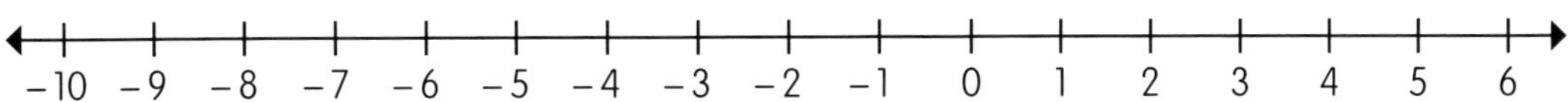

1. $|-9|$

2. $|-6|$

3. $|2|$

4. $|5|$

Escribe el valor absoluto de cada número.

5. $|18|$

6. $|-216|$

7. $|672|$

8. $|-431|$

Completa las desigualdades con > o <.

9. $|-28| \bigcirc |-44|$

10. $|-60| \bigcirc |-50|$

11. $|200| \bigcirc |-400|$

12. $|-190| \bigcirc |208|$

13. $|-670| \bigcirc |-580|$

14. $|890| \bigcirc |-1{,}000|$

Responde cada pregunta.

15. Dos números tienen un valor absoluto de 9. ¿Cuál de los dos números es mayor que -5 ?

16 Dos números tienen un valor absoluto de 4. ¿Cuál de los dos números está más lejos de 1 en la recta numérica?

17 Las cantidades de dinero que el Sr. Brown, la Srta. Clark y la Srta. Turner tienen en sus cuentas bancarias se muestran en la siguiente tabla.

Nombre	Cantidad de dinero en cuenta bancaria
Sr. Brown	–$180
Srta. Carter	$90
Srta. Turner	–$290

a ¿Quién tiene la mayor cantidad de dinero en la cuenta bancaria?

b ¿Quién tiene la menor cantidad de dinero en la cuenta bancaria?

18 En la siguiente tabla, se muestran las temperaturas diarias más altas y más bajas en un parque en un periodo de cinco días.

Día	Lun	Mar	Mié	Jue	Vie
Temperatura más alta (°C)	−6	3	−2	1	7
Temperatura más baja (°C)	−11	−6	−7	−7	−8

a ¿Qué día la temperatura fue más alta?

b ¿Qué día la temperatura fue más baja?

c ¿Qué días hubo temperaturas por debajo de 0 °C durante todo el día?

d Ordena las temperaturas más altas en orden descendente.

Nombre: ______________________ Fecha: ______________

Hábitos para matemáticas 2 Usar el razonamiento matemático

En el diagrama se muestran un termómetro ambiental y un termómetro clínico. Las lecturas de temperatura se miden en grados Celsius.

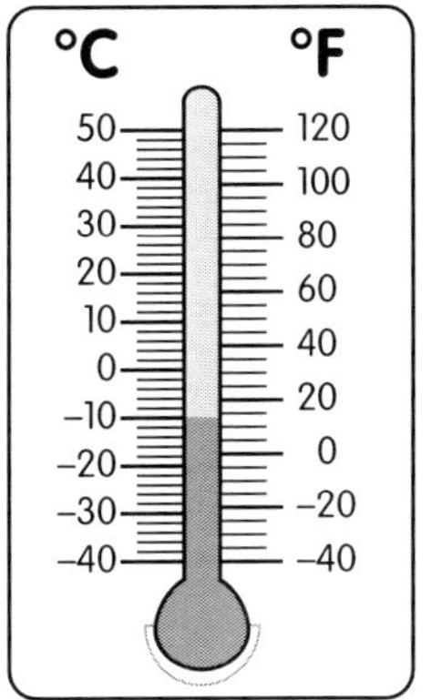

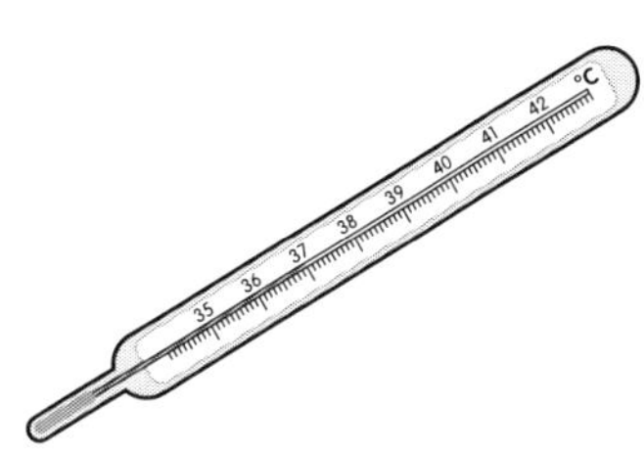

a Richard dijo que la escala de cada termómetro es semejante a una recta numérica vertical u horizontal. ¿Estás de acuerdo? Explica.

b ¿Qué lecturas de temperatura se muestran en cada termómetro en grados Celsius? Escribe una desigualdad usando > o < para describir las temperaturas. Explica lo que podrían representar las temperaturas.

¡DESAFÍA TU MENTE!

Hábito para matemáticas 1 Perseverar en la resolución de problemas

Un avión vuela a 165 metros sobre el nivel del mar. Una bandada de aves vuela a 90 metros sobre el nivel del mar. Un submarino se encuentra a 235 metros por debajo del nivel del mar. Un grupo de buzos bucean a lo largo de un arrecife a 82 metros por debajo del nivel del mar.

a ¿Cuáles están por debajo del nivel del mar?

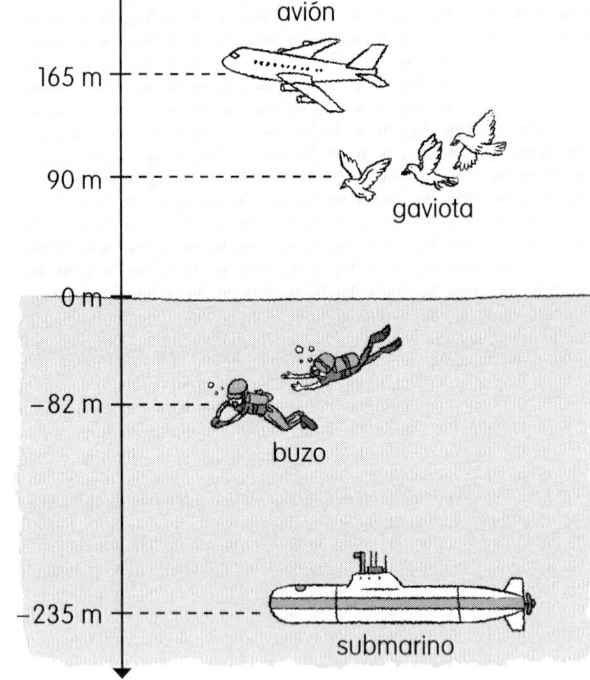

b ¿Cuáles están sobre el nivel del mar?

c ¿Cuáles están más lejos uno del otro?

d ¿Cuál está más cerca del nivel del mar?

Nombre: ____________________ Fecha: ____________

Práctica adicional y tarea
Fracciones y números decimales

Actividad 1 Dividir fracciones

Divide. Escribe cada cociente en su mínima expresión. Usa modelos de barras como ayuda.

1. $2 \div \frac{2}{3} =$ ____________

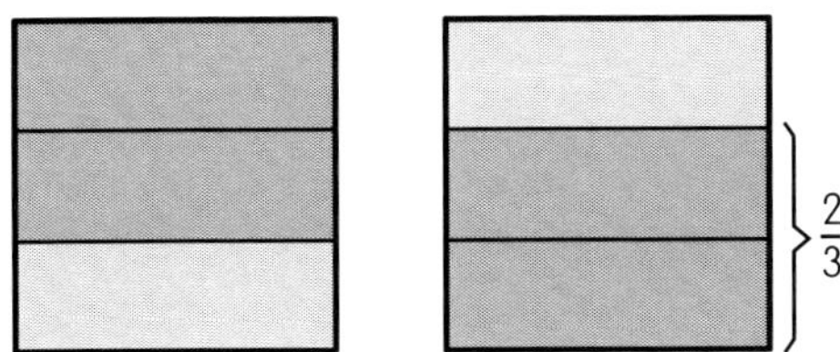

2. 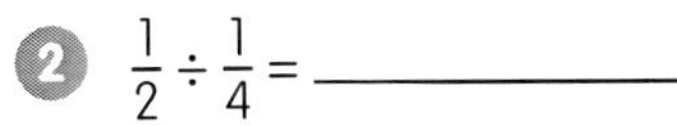 $\frac{1}{2} \div \frac{1}{4} =$ ____________

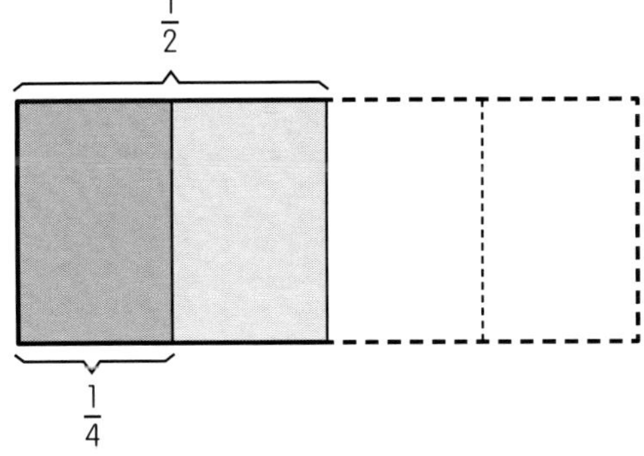

3. $\frac{3}{5} \div \frac{3}{10} =$ ____________

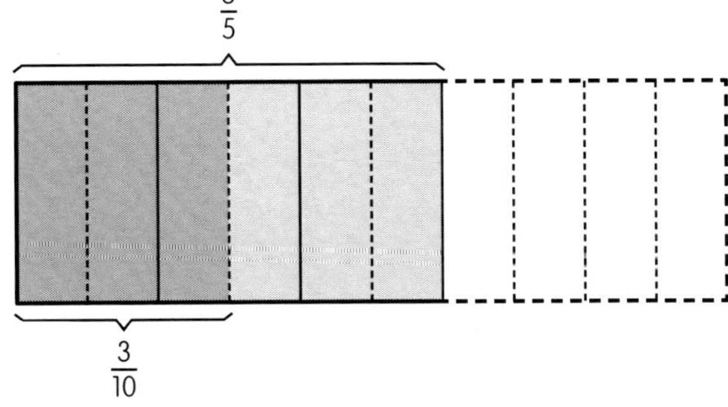

Haz un modelo de barras para hallar cada cociente.

4. $3 \div \frac{1}{6} =$ ____________

5. $1 \div \frac{4}{5} =$ ____________

6. $\frac{2}{5} \div \frac{1}{10} =$ ____________

7. $\frac{2}{3} \div \frac{5}{9} =$ ____________

Divide. Escribe cada cociente en su mínima expresión.

8. $3 \div \frac{2}{3} =$ ____________

9. $7 \div \frac{5}{9} =$ ____________

10. $10 \div \frac{4}{5} =$ ____________

11. $\frac{2}{5} \div \frac{4}{9} =$ ____________

12. $\frac{3}{7} \div \frac{1}{3} =$ ____________

13. $\frac{1}{4} \div \frac{5}{12} =$ ____________

14. $5\frac{1}{2} \div \frac{3}{5} =$ ____________

15. $1\frac{2}{3} \div \frac{3}{4} =$ ____________

Divide. Escribe cada cociente en su mínima expresión.

16. $\frac{1}{7} \div \frac{3}{2} =$ ____________

17. $\frac{1}{4} \div \frac{9}{5} =$ ____________

18. $\frac{1}{2} \div \frac{4}{3} =$ ____________

19. $\frac{2}{3} \div \frac{9}{2} =$ ____________

20. $\frac{4}{5} \div \frac{4}{3} =$ ____________

21. $1\frac{3}{4} \div 8\frac{1}{6} =$ ____________

22. $2\frac{1}{8} \div 4\frac{3}{4} =$ ____________

23. $2\frac{3}{5} \div 4\frac{1}{3} =$ ____________

Nombre: ______________________ Fecha: ______________

Práctica adicional y tarea
Fracciones y números decimales

Actividad 2 Problemas cotidianos: Fracciones

Resuelve.

1. Jacob tenía 3 kilogramos de harina. Usó $\frac{3}{4}$ kilogramo de harina para hacer pan todos los días. ¿Cuántos días tardó en acabarse toda la harina?

¿Cómo compruebas tu respuesta?

2. Jenna tiene $4\frac{1}{2}$ yardas de hilo. Corta el hilo en pedazos iguales de manera que cada pedazo mida $\frac{1}{4}$ yarda. ¿Cuántos pedazos de hilo tiene Jenna?

3. Andrew toma $\frac{2}{5}$ litro de jugo de naranja cada día. ¿Cuántos días tarda en terminar 3 litros de jugo de naranja?

4. Arianna tiene 4 hojas de papel para regalo. Cada hoja de papel para regalo tiene un área de 4 pies cuadrados. Arianna corta las hojas de papel en pedazos que miden $\frac{1}{2}$ pie cuadrado cada uno. ¿Cuántos pedazos hay en total?

5 La Srta. Morgan tomó unas vacaciones durante 20 días. Pasó $\frac{2}{5}$ de sus vacaciones en Asia y pasó el resto del tiempo en Europa. En Asia, pasó $\frac{1}{2}$ del tiempo en Tailandia.

a ¿Qué fracción de sus vacaciones pasó la Srta. Morgan en Tailandia?

b ¿Cuántos días pasó en Tailandia?

6 El área de un pedazo de tela rectangular es $\frac{3}{4}$ pie cuadrado. El ancho de la tela es $\frac{1}{2}$ pie. Halla la longitud de la tela.

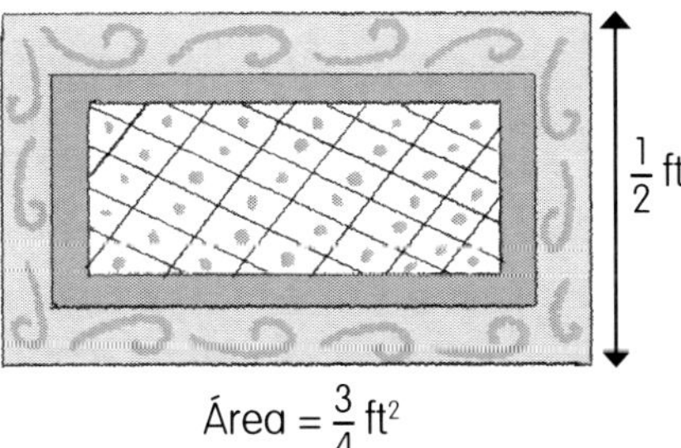

7. La masa de una bolsa de nueces era $5\frac{1}{4}$ kilogramos. El Sr. Nelson volvió a empacar las nueces en bolsas más pequeñas con la misma masa cada una. La masa de cada bolsa pequeña era $\frac{7}{8}$ de kilogramo. ¿Cuántas bolsas pequeñas había?

8. Al terminar el día, quedaron $4\frac{1}{2}$ barras de pan en una panadería. Había 6 empleados trabajando en la panadería. Cada empleado se llevó el mismo número de barras de pan. ¿Cuántas barras de pan se llevó cada empleado?

9 En una fábrica se necesitan, $2\frac{1}{10}$ bolsas de harina para hacer una tanda de galletas. La fábrica usó $8\frac{2}{5}$ bolsas de harina ayer. ¿Cuántas tandas de galleta hizo la fábrica ayer?

10 Natalie usó $6\frac{3}{5}$ jarras de agua para llenar equitativamnete 3 tanques vacíos iguales. ¿Cuántas jarras de agua vació en cada tanque?

11 Christian tiene un pedazo de cinta que mide $7\frac{4}{5}$ pulgadas de longitud. Lo corta en pedazos iguales de manera que cada pedazo mide $\frac{3}{5}$ de pulgada de longitud. ¿Cuántos pedazos de cinta tiene?

12 Un grupo de muchachos compartió $15\frac{5}{6}$ pizzas. A cada muchacho le tocó $\frac{5}{6}$ de una pizza. ¿Cuántos muchachos había?

Nombre: ______________________ Fecha: ____________

Práctica adicional y tarea
Fracciones y números decimales

Actividad 3 Sumar y restar números decimales con fluidez

Estima, luego suma.

1.
```
   1 2 . 3 3 2
+    8 . 6 7 5
--------------
```

2.
```
   6 2 . 6 9 2
+  1 8 . 4 6
--------------
```

3.
```
   1 2 . 5 7 6
+  3 4 . 5 3 2
--------------
```

4.
```
   2 9 . 9 5 9
+    9 . 7 4 9
--------------
```

Escribe en forma vertical, luego suma. Comprueba si cada respuesta es razonable.

5. 98.588 + 5.479

6. 56.784 + 35.159

7. 34.766 + 23.45

8. 56.254 + 12.367

Estima, luego resta.

9.
$$\begin{array}{r} 4.572 \\ -\ 3.438 \\ \hline \end{array}$$

10.
$$\begin{array}{r} 6.732 \\ -\ 4.35 \\ \hline \end{array}$$

11.
$$\begin{array}{r} 14.571 \\ -\ \ 6.795 \\ \hline \end{array}$$

12.
$$\begin{array}{r} 10.035 \\ -\ \ 1.245 \\ \hline \end{array}$$

Escribe en forma vertical, luego resta. Comprueba si cada respuesta es razonable.

13. 34.656 – 12.92

14. 67.89 – 23.498

15. 12.356 – 4.376

16. 34.591 – 23.87

Nombre: ______________________ Fecha: ______________

Práctica adicional y tarea
Fracciones y números decimales

Actividad 4 Multiplicar números decimales con fluidez

Escribe en forma vertical, luego multiplica.

1. 0.2×8

2. 0.17×7

3. 0.24×4

4. 0.524×10

5. 0.3×0.3

6. 0.2×0.5

7. 0.6×0.6

8. 0.9×0.8

Multiplica mentalmente.

9. $0.6 \times 6 =$ ______________

10. $0.1 \times 12 =$ ______________

11. $0.3 \times 0.6 =$ ______________

12. $0.4 \times 0.8 =$ ______________

13. $0.15 \times 4 =$ ______________

14. $0.12 \times 7 =$ ______________

15. $0.023 \times 7 =$ ______________

16. $0.015 \times 9 =$ ______________

Vuelve a escribir los números decimales como fracciones.

Escribe en forma vertical, luego multiplica.

17 0.5×1.3

18 1.4×3.4

19 3.6×4.8

20 0.25×6.9

21 0.67×2.4

22 0.45×0.91

23 4.8×1.231

24 0.211×0.41

Resuelve.

25 Dado que $2.5 \times 2.6 = 6.5$, halla el valor de cada expresión.

a 2.5×0.26

b 0.25×0.26

c 7.5×2.6

d 2.5×0.52

Nombre: ______________________ Fecha: ______________

Práctica adicional y tarea
Fracciones y números decimales

Actividad 5 Dividir números decimales con fluidez

Divide.

1. 8 ÷ 0.4

2. 7 ÷ 0.2

3. 9 ÷ 0.3

4. 65 ÷ 0.5

5. 32 ÷ 0.8

6. 49 ÷ 0.7

7. $7 \div 0.07$

8. $8 \div 0.16$

9. $6 \div 0.08$

10. $64 \div 0.32$

11. $26 \div 0.26$

12. $81 \div 0.09$

13. $256 \div 0.4$

14. $845 \div 0.5$

15. $169 \div 0.13$

16. $0.9 \div 0.3$

17. $0.8 \div 0.4$

18. $0.7 \div 0.2$

19. $0.48 \div 0.06$

20. $0.84 \div 0.02$

21. $0.33 \div 0.3$

22. $0.63 \div 0.9$

23. $0.928 \div 0.2$

24. $0.432 \div 0.16$

25 $5.1 \div 0.3$

26 $8.55 \div 0.9$

27 $8.52 \div 1.2$

28 $25.5 \div 1.7$

29 $68.7 \div 1.5$

30 $9.03 \div 8.6$

Resuelve.

31 Dado que 2.21 ÷ 1.3 = 1.7, halla el valor de cada expresión.

a 22.1 ÷ 1.3

b 2.21 ÷ 0.13

c 2.21 ÷ 0.17

d 1.7 × 0.13

Nombre: ____________________ Fecha: ____________

Capítulo 3

Práctica adicional y tarea

Fracciones y números decimales

Actividad 6 Problemas cotidianos: Decimales

Resuelve.

1. José montó en su bicicleta 0.75 millas y caminó 0.215 millas para llegar a la escuela. ¿Cuánto recorrió en total?

2. El volumen de agua en un tanque era 9.56 litros. Nicole sacó 0.693 litros de agua del tanque. ¿Cuántos litros de agua quedan en el tanque?

3 Una libra de frijoles cuesta $7.80. El Sr. Clark compra 6.5 libras de frijoles. ¿Cuánto paga por los frijoles?

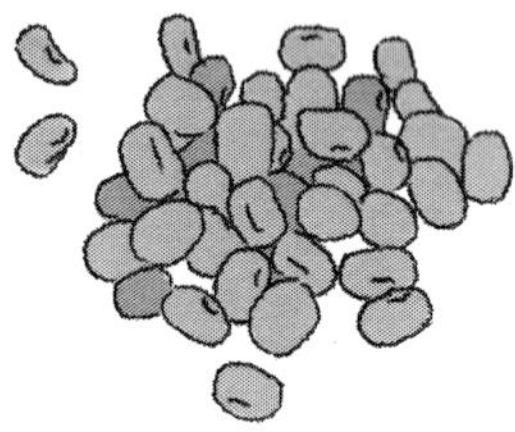

4 El dueño de una tienda tiene 14.12 libras de sal. Guarda la sal equitativamente en 8 recipientes. ¿Cuántas libras de sal hay en cada recipiente?

5 El perímetro de un terreno rectangular mide 18.465 pies. Las longitudes de dos de sus lados miden 5.6 pies y 7.54 pies. Halla la longitud del tercer lado del terreno.

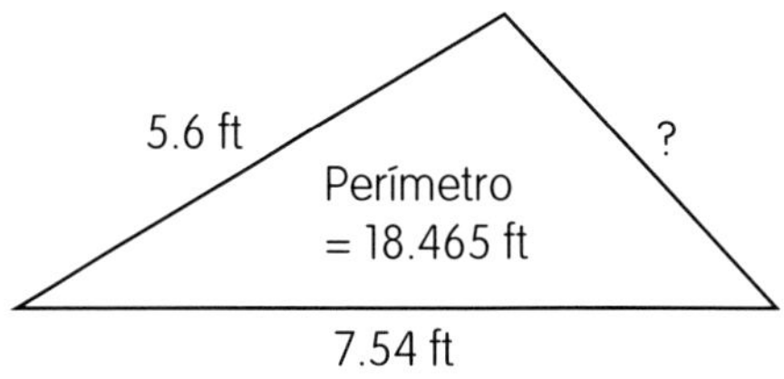

6 Un pastelero usa 7.89 libras de harina para hacer galletas y 2.455 libras de harina para hacer magdalenas.

a ¿Cuántas libras de harina usa el pastelero en total?

b ¿Cuántas libras más de harina usa el pastelero para hacer galletas que para hacer magdalenas?

7 La altura de un ventilador de pie mide 127 centímetros. 1 pulgada es 2.54 centímetros. ¿Cuál es la altura del ventilador de pie en pulgadas?

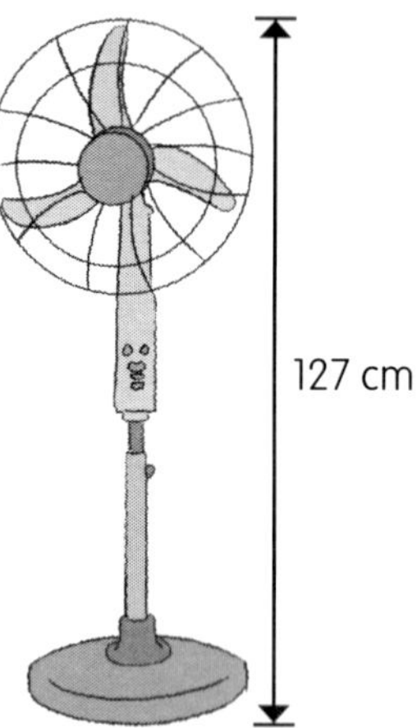

8 El automóvil del Sr. Baker puede recorrer 21.3 millas por galón de gasolina. Al tanque de combustible de su automóvil le caben 13.65 galones de gasolina. ¿Qué distancia puede viajar?

9 El precio de una manzana es $2 y el precio de un melón es $4.50. Halla el precio total de 5 manzanas y 1 melón.

Precio = $2

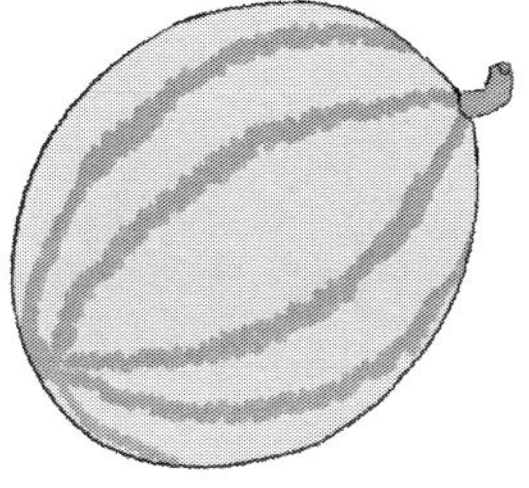
Precio = $4.50

10 La Sra. Taylor compra 8 libros y 12 marcadores en una librería. El precio de un libro es $17.85 y el precio de un marcador es $2.25. Calcula la cantidad total que gasta la Sra. Taylor.

11 Zachary compra 9.5 libras de harina. Usa 1.1 libras de la harina para hacer pan. Guarda el resto de la harina en bolsas. Cada bolsita contiene 1.2 libras de harina. ¿Cuántas bolsas usa?

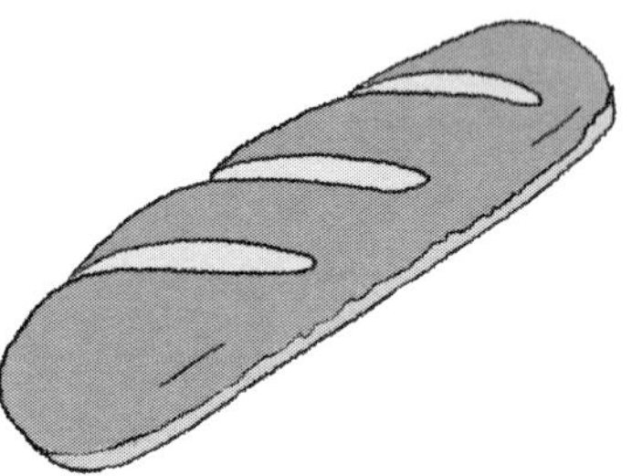

12 Mia vació 36 botellas llenas de agua en un tanque con una capacidad de 85.6 litros. 0.8 litros de agua se rebasaron del tanque. Halla la capacidad de cada botella.

Nombre: ______________________ Fecha: ______________

Hábito para matemáticas 3 Elaborar argumentos viables

Samuel intentó resolver las preguntas de división de fracciones y división de números decimales.

Soluciones de Samuel:

$5 \div \frac{4}{5} = 5 \times \frac{5}{4}$

$= 5\frac{5}{4}$

$= 6\frac{1}{4}$

$5 \div 0.8 = \frac{5}{0.8}$

$= \frac{50}{8}$

$= \frac{25}{4}$

$= 6\frac{1}{4}$

$= 6.25$

Chloe dijo que Samuel cometió errores en sus soluciones. Samuel no estaba de acuerdo con Chloe, porque sus respuestas para la resolución de $5 \div \frac{4}{5}$ y $5 \div 0.8$ son iguales. ¿Quién tiene razón? Explica.

DIARIO DE MATEMÁTICAS

1 **Hábito para matemáticas 1** Perseverar en la resolución de problemas

La Srta. Martinez compró 102 palitos de jalea. Su sobrino Devin se comió $\frac{1}{3}$ de la jalea. Su sobrina Sara se comió $\frac{1}{4}$ de lo que quedaba. El Sr. Miller y la Srta. Martinez se comieron el resto de la jalea. El Sr. Miller comió dos veces la cantidad de palitos de jalea que comió la Srta. Martinez.

¿Cuántos palitos de jalea comió la Srta. Martinez?

2 **Hábito para matemáticas 1** Perseverar en la resolución de problemas

La $\frac{1}{2}$ de una caja con uvas pesa 8.6 libras. Una caja semejante pero llena hasta $\frac{1}{4}$ con uvas pesa 3.35 libras menos que la caja con $\frac{1}{2}$ de uvas. ¿Cuál es el peso de una caja vacía?

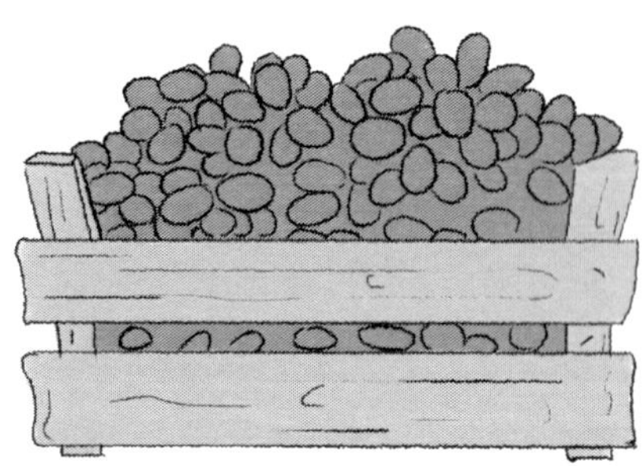

Nombre: ______________________ Fecha: ____________

Práctica adicional y tarea
Razones

Actividad 1 Comparar dos cantidades

Escribe dos razones para comparar las cantidades.

1. 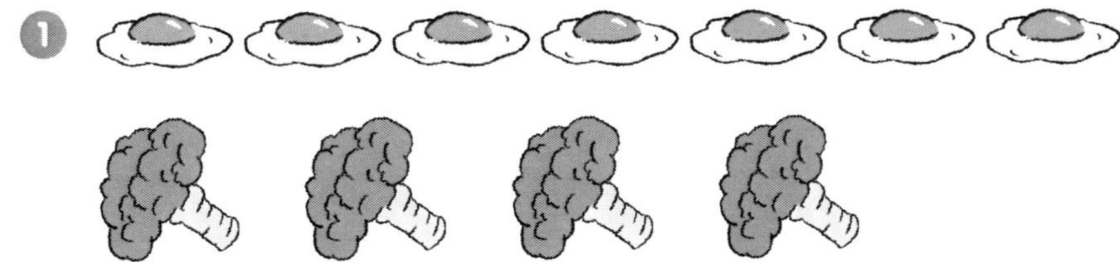

2. Kayla reúne 19 tarjetas y Tyler reúne 31 tarjetas.

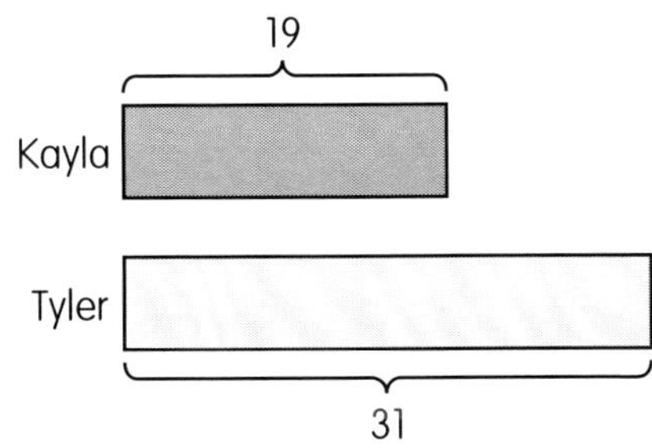

3. En una encuesta, 5 personas dijeron que les gusta mirar básquetbol y 9 personas dijeron que no les gusta mirar básquetbol.

Les gusta mirar básquetbol

No les gusta mirar básquetbol

Indica si cada una de las siguientes se puede expresar como una razón.

4. 7 gal y 5 T

5. 36 cm y 10 m

6. 4 yd y 80 pulg

7. 40 oz y 4 pt

Resuelve.

8. En una caja hay 94 manzanas. 37 son rojas y las demás son verdes.

   a ¿Cuál es la razón del número de manzanas rojas al número de manzanas verdes?

   b ¿Cuál es la razón del número de manzanas verdes al número total de manzanas?

9. El número de suricatas es $\frac{5}{9}$ del número de lémures en un zoológico.

   a Halla la razón del número de suricatas al número de lémures.

   b Halla la razón del número de suricatas al número total de suricatas y lémures.

10. En una canasta hay unas pelotas de básquetbol y de fútbol. Por cada 2 pelotas de fútbol hay 5 pelotas de básquetbol.

    a ¿Cuál es la razón del número de pelotas de fútbol al número total de pelotas de fútbol y básquetbol en la canasta?

    b ¿Qué fracción de las pelotas en la canasta son pelotas de básquetbol?

11 Al principio Cole tenía 87 tomates. Después de regalar unos tomates, le quedaron 35 tomates.

a Halla la razón del número de tomates que Cole tenía al principio al número de tomates que le quedaron.

b ¿Qué fracción del número de tomatoes regaló Cole?

12 La longitud de una cinta verde es 8 pulgadas y la longitud de una cinta azul es 24 pulgadas.

a ¿Cuántas veces es mayor la cinta larga que la cinta corta?

b ¿Cuál es la razón de la longitud de la cinta más larga a la longitud total de las cintas?

13 La masa de una lata de pintura es 4 kilogramos y la masa de un cubo de agua es 6 kilogramos. ¿Cuántas veces la masa del cubo de agua es la masa de la lata de pintura?

14 El Sr. Sanders compra 14 libras de carne y 22 libras de pescado.

a Halla la razón del peso de la carne al peso del pescado.

b ¿Qué fracción del peso total de la carne y el pescado es el peso de la carne?

15 La razón del volumen de pintura azul a la pintura roja es 8 : 7.

a Escribe la diferencia entre el volumen de pintura azul y el volumen de pintura roja como una fracción del volumen total de pintura azul y roja.

b Escribe el volumen de pintura azul como una fracción del doble del volumen de pintura roja.

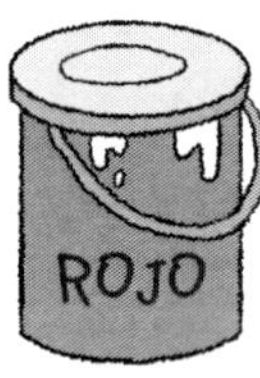

Nombre: ______________________ Fecha: ______________

Práctica adicional y tarea

Razones

Actividad 2 Razones equivalentes

Usa división para hallar todas las razones de números enteros equivalentes a cada una de las siguientes.

1. 8 : 36
2. 12 : 52

Indica si cada par de razones son equivalentes.

3. 12 : 27 y 4 : 9
4. 4 : 7 y 24 : 42
5. 9 : 6 y 6 : 9
6. 12 : 52 y 4 : 13
7. 8 : 36 y 4 : 18
8. 63 : 14 y 18 : 4

Escribe cada razón en su mínima expresión.

9. 45 : 15
10. 32 : 64
11. 45 : 9
12. 14 : 49
13. 3 yd : 3 ft
14. 5 h : 52 min
15. 64 oz : 6 lb
16. 2 kg : 60 g

Halla el término que falta en cada par de razones equivalentes.

17 7 : 15 = 28 : ______

18 6 : 17 = 36 : ______

19 11 : ______ = 88 : 64

20 6 : 8 = ______ : 72

21 42 : 18 = ______ : 3

22 ______ : 24 = 7 : 6

23 48 : ______ = 3 : 5

24 65 : 90 = 13 : ______

Halla las razones equivalentes.

25 Usa multiplicación para hallar tres razones equivalentes a 6 : 13.

26 Usa división para hallar todas las razones de números enteros equivalentes a 66 : 18.

Halla el término que falta en cada par de razones equivalentes.

27 36 : 27 = 16 : ______

28 16 : ______ = 36 : 54

29 21 : 9 = ______ : 12

30 21 : 28 = ______ : 72

31 ______ : 42 = 6 : 14

32 25 : 45 = ______ : 27

33 60 : 80 = 27 : ______

34 35 : 14 = 15 : ______

Completa la tabla.

35 Diego anota la cantidad de jarabe de naranja y azúcar que usó para hacer cuatro mezclas de una bebida de naranja usando tazas idénticas de jarabe de naranja y agua.

Mezcla	A	B	C	D
Número de tazas de jarabe de naranja	3	6	9	12
Número de tazas de agua	7	14	21	28
Bebida de naranja : Agua	3 : 7			
Bebida de naranja : Agua (mínima expresión)	3 : 7			
$\frac{\textbf{Número de tazas de bebida de naranja}}{\textbf{Número de tazas de agua}}$	$\frac{3}{7}$			

¿Qué observas sobre las razones de las cuatro mezclas de bebida de naranja?

Resuelve.

36 Por cada 5 galones de concentrado de tinte, se añaden 12 galones de agua para hacer una solución de tinte.

a Halla la razón del número de galones de concentrado de tinte al número de galones de agua que se necesitan para hacer la solución de tinte.

b ¿Cuántos galones de concentrado de tinte se usan para hacer 68 galones de solución de tinte?

c ¿Cuántos galones de concentrado de tinte se usan cuando se añaden 60 galones de agua para hacer la solución de tinte?

37 La razón del costo de un libro al costo de un diccionario es 3 : 8. La razón del costo de un diccionario al costo de una carpeta es 4 : 1. Halla la razón del costo del libro al costo del diccionario al costo de la carpeta.

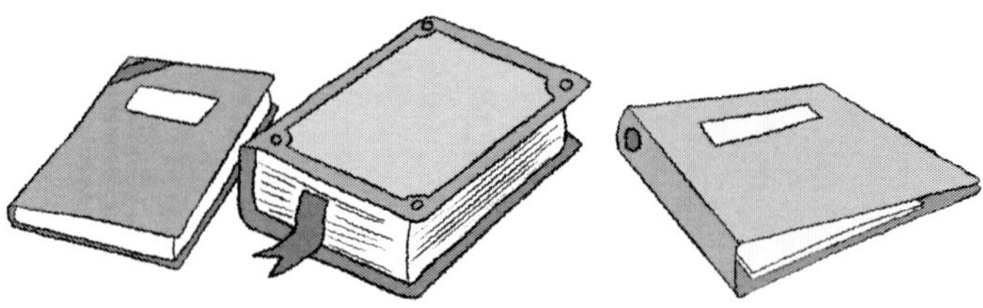

38 Saúl mezcla unos ingredientes para hacer vasos de batido. La razón de la cantidad de yogur a la cantidad de jugo de arándano a la cantidad de leche usados es la misma para todos los vasos. En la tabla, se muestran las diferentes cantidades de ingredientes usados para hacer vasos de batido. Halla los números que faltan en la tabla.

Número de vasos	Cantidad de ingredientes (ml)		
	Yogur	Jugo de arándano	Leche
1			240
2	60	160	
3		240	720

Nombre: ______________________ Fecha: ____________

Práctica adicional y tarea
Razones

Actividad 3 Problemas cotidianos: Razones

Resuelve.

1. Una alfombra cuesta $45. Daniel y Sophia compraron la alfombra y compartieron el costo en una razón de 4 : 5. ¿Cuánto pagó daniel por la alfombra?

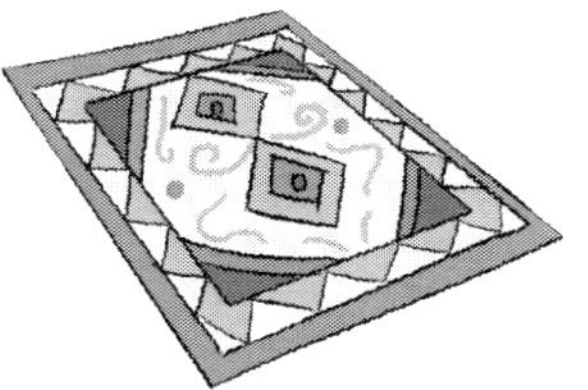

2. En una encuesta, un grupo de estudiantes eligió bádminton y fútbol como su deporte favorito a razón de 4 : 7.

   a. Si 63 estudiantes eligieron fútbol como su deporte favorito, halla el número de estudiantes que eligieron bádminton como su deporte favorito.

   b. Si se hizo una encuesta a 132 estudiantes, halla el número de estudiantes que eligieron fútbol como su deporte favorito.

3 Se repartieron unos adhesivos entre Ava, Brianna y Carson a razón de 1 : 3 : 4. Brianna recibió 21 adhesivos.

a ¿Cuántos adhesivos recibió Ava?

b ¿Cuántos adhesivos había en total?

4 Mariah compró una bolsa de frutos secos. La razón del peso de almendras al peso de nueces al peso de pacanas es 4 : 3 : 8. El peso de las pacanas es 80 onzas.

a Halla el peso de las nueces.

a Halla el peso total de la bolsa de frutos secos.

5 David tiene una caja de bolígrafos rojos, azules y verdes. La razón del número de bolígrafos rojos al número de bolígrafos azules es 5 : 2. La razón del número de bolígrafos azules al número de bolígrafos verdes es 3 : 5. ¿Cuál es la razón del número de bolígrafos rojos al número de bolígrafos verdes?

6 Layla, Sofía y Evelyn reparten una caja con 754 hojas de papel de colores. La razón de las hojas de papel de Layla a las hojas de papel de Sofía es 4 : 3. La razón de las hojas de papel de Sofía a las hojas de papel de Evelyn es 9 : 5.

a ¿Cuántas hojas de papel de colores tiene Layla?

b ¿Cuántas hojas más de papel de colores tiene Layla que Evelyn?

7 En una fiesta, la razón del número de adultos al número de niños era 5 : 3. Por la mitad de la fiesta, se fueron 20 adultos y la razón se convirtió en 5 : 4. ¿Cuántos niños había en la fiesta?

8 La razón de la cantidad de dinero que ahorró Rachel a la cantidad de dinero que ahorró Timothy era 12 : 13. Después de que Timothy gastó $27, Rachel tenía 3 veces la cantidad de Timothy.

a ¿Cuánto ahorró Rachel?

b ¿Cuánto ahorraron juntos al principio?

9 Kyle y Claire compraron un regalo y compartieron el costo a razón de 3 : 8. Claire pagó $15 más que Kyle. Halla el costo total del regalo.

10 Evan, Luke y Aidan vendieron imanes a razón de 5 : 3 : 4 para recaudar fondos para su tropa de exploradores. Luke vendió 81 imanes. ¿Cuántos imanes vendieron Evan y Aidan en total?

11 La razón de los ahorros de Grace a los ahorros de Ryan es 3 : 5, y la razón de los ahorros de Ryan a los ahorros de Julia es 11 : 4. La diferencia entre los ahorros de Grace y de Julia es $65. Calcula la cantidad de los ahorros de Julia.

12 Una cinta de 54 pulgadas de longitud se corta en 3 tiras a razón de 2 : 3 : 5.

a ¿Cuál es la longitud de la tira más larga?

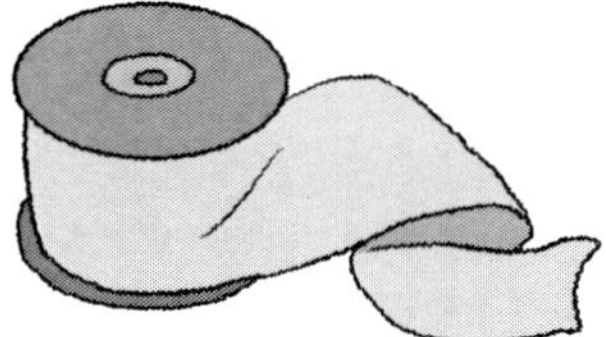

b ¿Cuánto más larga es la tira más larga que la tira más corta?

c ¿Cuál es la longitud de la tira más corta si se cortaran a razón de 1 : 2 : 3?

13 La razón del número de magdalenas de queso al número de magdalenas de chocolate en una pastelería era 3 : 2. Después de vender 144 magdalenas de queso, la razón del número de magdalenas de queso al número de magdalenas de chocolate cambió a 3 : 5. ¿Cuántas magdalenas más de queso que de chocolate había al principio?

14 Adam, Bryan y Juan tenían un total de 48 manzanas. Repartieron las manzanas a razón de 5 : 7 : 12.

a ¿Cuántas manzanas menos tenía Bryan que Juan?

b Si los niños hubieran decidido repartir las manzanas a razón de 3 : 4 : 5, ¿cuántas manzanas más tendría Bryan que Adam?

15 La razón del número de estudiantes que van a la escuela a pie al número total de estudiantes en una escuela es 2 : 5.

a ¿Cuál es la razón del número de estudiantes que van a la escuela a pie a los que no van a pie?

b Hay 168 estudiantes que no van a la escuela a pie. ¿Cuántos estudiantes van a la escuela a pie?

c 8 estudiantes que no iban a la escuela a pie ahora sí van a pie. ¿Cuál es la nueva razón del número de estudiantes que van a la escuela a pie a los que no van a la escuela a pie?

Nombre: ______________________ Fecha: ______________

DIARIO DE MATEMÁTICAS

1 **Hábito para matemáticas 6** Usar lenguaje matemático preciso

Describe una situación que se pueda representar con la razón 7 : 8.

2 **Hábito para matemáticas 3** Elaborar argumentos viables

Hannah tiene 12 años y su hermana Olivia tiene 10 años. Hannah dice que la razón de su edad a la edad de Olivia es 6 : 5. Olivia dice que la razón de su edad a la edad de Hannah sigue siendo 6 : 5 después de 4 años. Explica por qué Olivia no tiene razón.

1 **Hábito para matemáticas 1** Perseverar en la resolución de problemas

El Sr. King compra unas rebanadas de jamón, tortillas y queso por $90. La razón de la cantidad de dinero que gasta en queso a la cantidad que gasta en jamón es 2 : 3. La razón de la cantidad de dinero que gasta en queso a la cantidad que gasta en tortillas es 6 : 5. Cada rebanada de jamón cuesta $0.75.

a ¿Cuánto gasta el Sr. King en las rebanadas de jamón?

b ¿Cuántas rebanadas de jamón compra el Sr. king?

2 **Hábito para matemáticas 1** Perseverar en la resolución de problemas

En una pastelería, la razón del número de tartas de manzana al número de cruasáns era 5 : 3. Después de vender 6 tartas de manzana y de hacer 6 cruasáns más, la razón se convirtió en 7 : 5. ¿Cuántas tartas de manzana y cuántos cruasáns había en la pastelería al principio?

Nombre: _______________ Fecha: _______________

Práctica adicional y tarea

Tasas y rapidez

Actividad 1 Tasas y tasas unitarias

Resuelve.

1. Un tanque de 27 galones tarda 9 minutos en llenarse con una llave de agua abierta. ¿Cuánta agua sale de la llave en 1 minuto?

2. Una impresora puede imprimir 735 libros en 5 minutos. ¿Cuántos libros se imprimen por minuto?

3. Un camión necesita 6 galones de gasolina para recorrer 186 millas. ¿Cuál es la tasa de la distancia recorrida por el camión en millas por galón de gasolina?

4. La Srta. Hughes paga $2,191 para quedarse una semana en un hotel. ¿Cuánto paga por día?

5 La Sra. Hill tardó 6 horas en pintar una pared con un área de 282 pies cuadrados. ¿Cuántos pies cuadrados pintó la Sra. Hill en 1 hora?

6 Una máquina de fax puede transmitir 6 páginas en 1 minuto. ¿Cuántas páginas puede transmitir la máquina de fax en 7 minutos?

 7 Una rueda completa 35 revoluciones por minuto. ¿Cuántos minutos tarda la rueda en completar 315 revoluciones?

8 La Srta. Walker gana $12.50 por hora trabajando en una tienda. Completa la tabla.

Número de horas	Cantidad ganada
1	$12.50
2	
3	
4	
5	

9 En la tabla, se muestran tres tipos diferentes de arroz vendidos en una tienda de alimentos. Completa la tabla. Redondea tus respuestas al centésimo de dólar más cercano.

Tipo de arroz	Cantidad pagada	Cantidad comprada	Costo por libra
Pulido	$20.60	10 lb	
Integral	$9.60	3 lb	
Silvestre		2 lb	$4.20

¿Cuál tipo de arroz cuesta más por libra?

10. En la tienda A se vende chocolate a $24.20 por una caja de 14 onzas y en la tienda B se vende el mismo chocolate a $19.90 por una caja de 12 onzas. ¿Cuál tienda ofrece el mejor precio? Explica cómo obtuviste tu respuesta. Redondea tus respuestas a 2 lugares decimales.

Nombre: ______________________ Fecha: ______________

Práctica adicional y tarea
Tasas y rapidez

Actividad 2 Problemas cotidianos: Tasas y tasas unitarias

Resuelve.

1. Una impresora puede imprimir 335 copias en 5 minutos. A esta tasa, ¿cuántas copias puede imprimir la impresora en una hora?

2. El agua que sale de una llave puede llenar $\frac{1}{4}$ de un tanque en 5 minutos.

   a ¿Cuánto tiempo toma llenar el tanque completamente con agua?

   b ¿Cuánto tiempo toma llenar 7 tanques semejantes completamente con agua? Da tu respuesta en horas y minutos.

3 En la tabla, se muestran las tarifas de estacionamiento en un parque.

De 9:00 a.m. a 5:00 p.m.	$5.50 por hora
Después de las 5:00 p.m.	$7.00 por hora

La Srta. Jones se estacionó en el parque de 4:00 p.m. a 9:00 p.m. ¿Cuánto pagó por el estacionamiento?

4 Una camioneta recorre 125 millas con 5 galones de gasolina.

a Halla la distancia que la camioneta puede recorrer si el tanque de combustible contiene 12 galones de gasolina.

b Halla la cantidad de gasolina que usa la camioneta para recorrer 180 millas.

5 La Sra. Scott gana $14.50 por hora trabajando en una panadería. Completa la tabla.

Número de horas	Cantidad ganada
1	$14.50
2	
3	
4	
5	

a ¿Cuánto ganará la Sra. Scott si trabaja 3 horas?

b ¿Cuántas horas debe trabajar la Sra. Scott para ganar $58?

6 En la tabla, se muestra el costo de tres tipos diferentes de harina vendidas en un supermercado. Completa la tabla. Redondea tus respuestas al centésimo de dólar más cercano.

Tipo de harina	Cantidad pagada	Cantidad comprada	Costo por libra
para pastel	$21.60	10 lb	
de repostería	$8.60	2 lb	
leudante		4 lb	$5.20

a ¿Cuál tipo de harina cuesta más por libra?

b ¿Cuál es la diferencia de precio por libra entre la harina más cara y la más barata?

7 En la tabla, se muestran los costos por el alquiler de un salón para funciones.

Primeras cuatro horas	$1,800
Cada hora adicional	$500

El Sr. Cooper alquila el salón por 9 horas. ¿Cuánto paga en total?

8 En la tabla, se muestran los costos de alquiler de automóviles en la empresa de alquiler de automóviles WIN.

Primer día (lunes a viernes)	$75
Cada día adicional (lunes a viernes)	$60
Fin de semana (sábado y domingo)	$80

a ¿Cuánto cuesta alquilar un automóvil por 3 días entre semana?

b ¿Cuánto cuesta alquilar un automóvil el miércoles y tenerlo una semana completa?

c La tasa de alquiler de automóviles en la empresa de alquiler de automóviles BEST es una tasa fija de $70 por día. Si la Srta. Phillips desea alquilar un automóvil por una semana, empezando el miércoles, ¿cuál empresa de alquiler sería mejor? Explica tu respuesta.

9 Un máquina tiñe un número igual de camisas del mismo tamaño cada hora. En la gráfica lineal, se muestra el número de camisas teñidas por la máquina en 6 horas.

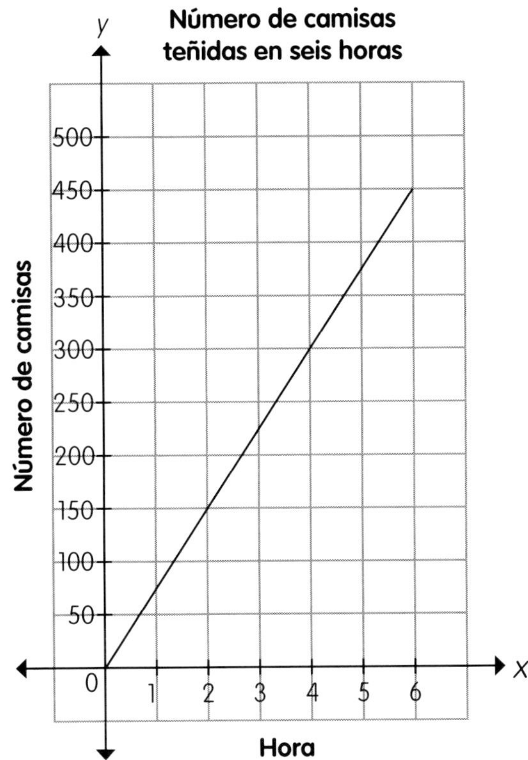

a ¿Cuántas camisas tiñe la máquina por hora?

b ¿Cuánto tiempo tarda la máquina en teñir 375 camisas?

10 En una librería se alquilan libros de tiras cómicas. En la gráfica lineal, se muestra el costo de alquiler de libros de tiras cómicas en la librería.

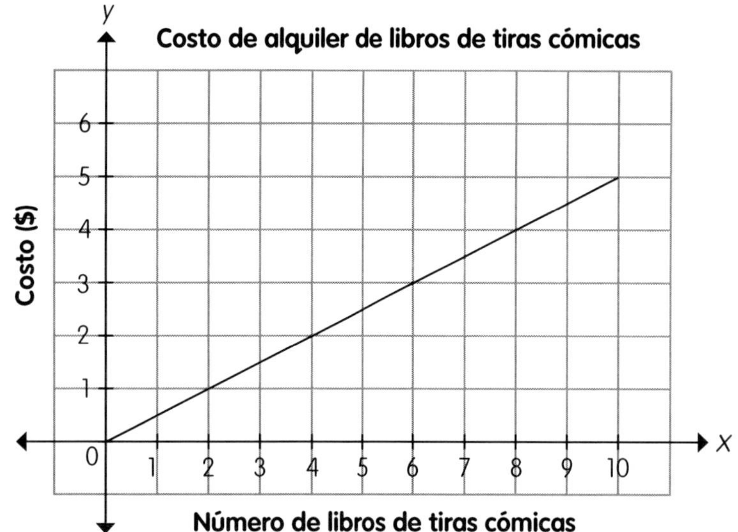

a ¿Cuál es el costo total de alquilar 5 libros de tiras cómicas?

b William alquiló 12 libros de tiras cómicas. ¿Cuánto paga en total por el alquiler?

Nombre: ______________________ Fecha: ______________

Práctica adicional y tarea
Tasas y rapidez

Actividad 3 Distancia y rapidez

Resuelve.

1. Un automóvil viaja a una rapidez de 55 millas por hora. ¿Cuánto recorrerá en 5 horas?

2. Un autobús escolar viaja a una rapidez de 48 kilómetros por hora. ¿Cuánto tiempo tardará en recorrer 120 kilómetros?

3 Un tren viaja a una rapidez de 86 millas por hora. ¿Cuántas millas recorrerá el tren en $2\frac{1}{2}$ horas?

4 Un ratón corre una distancia de 3 metros en 20 segundos. ¿Cuál es su rapidez en metros por segundo?

5. Una abeja voló a una rapidez de 9 pulgadas por segundo. Recorrió una distancia de 81 pulgadas. ¿Cuánto tiempo voló la abeja?

6. El Sr. Reed pedalea 72 kilómetros en bicicleta en 1.5 horas. Continua pedaleando a esta tasa. ¿Cuántos kilómetros recorrerá en 3.5 horas?

7 Un avión recorrió 5,138 kilómetros del País A al País B en 7 horas, y recorrió 6,013 kilómetros del País B al País C en la misma cantidad de tiempo.

a ¿Cuál era la rapidez del avión cuando viajó del País A al País B?

b ¿Cuál era la rapidez del avión cuando viajó del País B al País C?

Nombre: ____________________ Fecha: ____________

Práctica adicional y tarea
Tasas y rapidez

Actividad 4 Rapidez promedio

Resuelve.

1. Julian caminó desde su casa durante 2 horas a una rapidez de 4 millas por hora hasta la biblioteca. Luego regresó a su casa en bicicleta a una rapidez de 12 millas por hora. Halla su rapidez promedio para todo el trayecto en millas por hora.

Halla la distancia total recorrida y el tiempo que tarda para calcular la rapidez promedio.

2. Leah condujo por 2 horas a una rapidez de 60 millas por hora, y por 3 horas a 50 millas por hora. ¿Cuál era su rapidez promedio en millas por hora para todo el trayecto?

3 Austin caminó 3 kilómetros de su casa al Parque A. Luego caminó otros 4 kilómetros del Parque A al Parque B. El tiempo total que tardó caminando fue 84 minutos. Halla la rapidez promedio de Austin en kilómetros por hora.

4 Brooke montó en bicicleta a una rapidez promedio de 22 kilómetros por hora de su casa a un parque cercano, y regresó en bicicleta a una rapidez promedio de 14 kilómetros por hora por la misma ruta. Tardó 66 minutos en regresar en bicicleta a su casa. ¿Cuánto tiempo, en minutos, tardó en montar en bicicleta de su casa al parque cercano?

Nombre: ______________________ Fecha: ____________

Capítulo 5

Práctica adicional y tarea

Tasas y rapidez

Actividad 5 Problemas cotidianos: Rapidez y rapidez promedio

Resuelve.

1. La Sra. Lema tarda 5 horas en conducir 210 millas de su casa a Central Park. Su rapidez promedio en las primeras 2 horas es 50 millas por hora. Halla su rapidez promedio en las últimas 3 horas.

2. La Srta. Morris conduce su automóvil por 1 hora 30 minutos a una rapidez constante de 70 kilómetros por hora. Luego conduce otros 45 minutos a una rapidez constante de 80 kilómetros por hora. ¿Qué distancia recorrió?

 3 Un tren anduvo a una rapidez de 90 millas por hora por 2 horas, y luego disminuyó a 72 millas por hora durante los 30 minutos siguientes.

a Halla la distancia total recorrida por el tren.

b Halla la rapidez promedio del tren.

4 Connor y Riley salieron de una cafetería al mismo tiempo y se fueron en bicicleta en direcciones opuestas. Ambos pedalearon a una rapidez constante. Connor pedaleó a una rapidez de 140 metros por minuto. Después de 30 minutos, se encontraban a 7,800 metros uno del otro. Halla la rapidez a la que Riley pedaleó, en metros por minuto.

 **5** El Sr. Evans y el Sr. Lopez viven en el mismo lugar. El Sr. Evans recorre 64.8 kilómetros del trabajo a su casa a una rapidez de 48 kilómetros por hora. Es Sr. Lopez recorre 130 kilómetros del trabajo a su casa a una rapidez de 65 kilómetros por hora. Ambos salen de su trabajo a la misma hora.

a ¿Quién llega a casa primero?

b ¿Cuál es la diferencia del tiempo en que llegan a casa?

6 La Sra. Chavez tenía una invitación a comer en la casa de su amiga a las 5:30 p.m. Salió de su casa a las 11 a.m. y viajó en su automóvil a una rapidez promedio de 56 millas por hora hasta la casa de su amiga que quedaba a 350 millas. ¿A qué hora llegó la Sra. Chavez a la casa de su amiga? ¿Llegó tarde a la comida?

Nombre: ______________________ Fecha: ______________

Hábito para matemáticas 4 Usar modelos matemáticos

Un plomero paga $3.60 por 60 centímetros de tubería. Explica cómo el plomero puede usar el costo unitario de la tubería para hallar el costo de comprar 100 metros del mismo tipo de tubería. Muestra los cálculos que el plomero debe hacer.

¡DESAFÍA TU MENTE!

Hábito para matemáticas 1 Perseverar en la resolución de problemas

Un automóvil empezó un recorrido a las 9:00 a.m. de la Ciudad A a la Ciudad B a una rapidez constante de 70 kilómetros por hora. Un camión empezó un recorrido a la misma hora que el automóvil de la Ciudad B a la Ciudad A a una rapidez constante de 50 kilómetros por hora. El automóvil y el camión se cruzaron a las 4:00 p.m.

a ¿Cuál es la distancia de la Ciudad A a la Ciudad B?

b ¿A qué hora llegó el automóvil a la Ciudad B?

c ¿A qué distancia estaba el camión de la Ciudad A cuando el automóvil llegó a la Ciudad B?

Nombre: ______________________ Fecha: ____________

Capítulo 6

Práctica adicional y tarea

Porcentaje

Actividad 1 Comprender los porcentajes

Resuelve.

1. De un total de 400 estudiantes en una escuela, 245 usan anteojos. ¿Qué porcentaje de los estudiantes en la escuela usan anteojos?

2. De los 500 vehículos que pasaron una intersección, 108 son taxis. ¿Qué porcentaje de los vehículos que pasaron por la intersección son taxis?

3. De las 300 plantas en un parque, 180 son árboles. ¿Qué porcentaje de las plantas en el parque son árboles?

4. De 40 preguntas, Jackson respondió 18 incorrectamente. ¿Qué porcentaje de las preguntas respondió correctamente?

Escribe cada porcentaje como una fracción o un número mixto en su mínima expresión.

5. 64%

6. 86%

7. 129%

8. 160%

9. 215%

10. 375%

11. 675%

12. 789%

Vuelve a escribir cada porcentaje como una fracción con denominador de 100. Luego, simplifica la fracción.

Escribe cada porcentaje como un número decimal.

13. 7%

14. 46%

15. 75%

16. 99%

17. 123%

18. 367%

19. 475%

20. 580%

Vuelve a escribir cada porcentaje como una fracción con denominador de 100 primero. Luego, escribe la fracción como un número decimal.

Resuelve.

21 En una pastelería, se hacen 14 tartas de chocolate, 24 tartas de fresa y 10 tartas de queso. ¿Qué porcentaje de las tartas son de chocolate?

22 En la tabla, se muestra el número de libros que una biblioteca prestó en una semana.

Lunes	Martes	Miércoles	Jueves	Viernes
12	42	30	56	10

¿Qué porcentaje del número total de libros se prestaron el miércoles?

Nombre: ______________________ Fecha: ______________

Práctica adicional y tarea
Porcentaje

Actividad 2 Fracciones, números decimales y porcentajes

Escribe cada fracción o número mixto como un porcentaje.

1. $\frac{3}{5}$

2. $\frac{7}{8}$

3. $\frac{9}{15}$

4. $\frac{11}{20}$

5. $\frac{13}{25}$

6. $5\frac{3}{10}$

7. $3\frac{3}{4}$

8. $8\frac{17}{20}$

Escribe cada número decimal como un porcentaje.

9. 0.07

10. 0.78

11. 0.6

12. 4.05

13. 6.25

14. 32.5

Escribe cada fracción en su mínima expresión.

15. 0.8%

16. 13.25%

17 45.5%

18 $33\frac{1}{3}\%$

19 $57\frac{2}{5}\%$

20 $87\frac{1}{2}\%$

Escribe cada fracción como un porcentaje. Redondea tu respueta al número entero más cercano.

21 $\frac{96}{200}$

22 $\frac{84}{125}$

23 $\frac{96}{216}$

24 $\frac{145}{450}$

Halla las fracciones y números decimales que faltan.

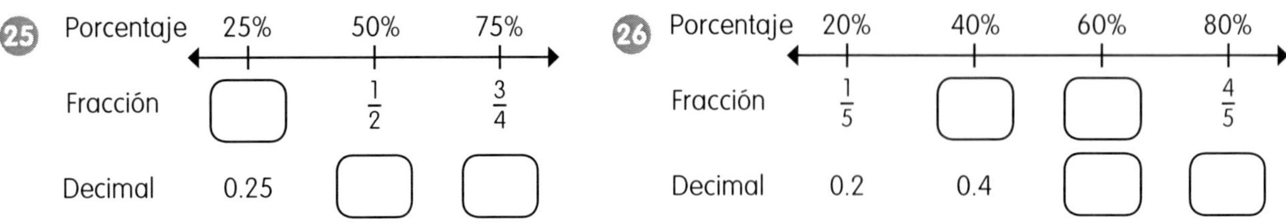

Resuelve.

27 En una encuesta entre un grupo de niños, se les pidió que nombraran su color preferido. En la tabla, se muestran los resultados de la encuesta.

Rojo	Anaranjado	Verde	Azul	Amarillo
16	20	40	14	30

a ¿Qué porcentaje de los niños preferían el verde?

b ¿Qué porcentaje de los niños preferían el color menos preferido?

c ¿Qué porcentaje de los niños preferían el amarillo o el anaranjado?

Nombre: ______________________________ Fecha: ______________

Práctica adicional y tarea
Porcentaje

Actividad 3 Porcentaje de una cantidad

Resuelve. Usa el modelo de barras como ayuda.

1. ¿Cuánto es 25% de 82 horas?

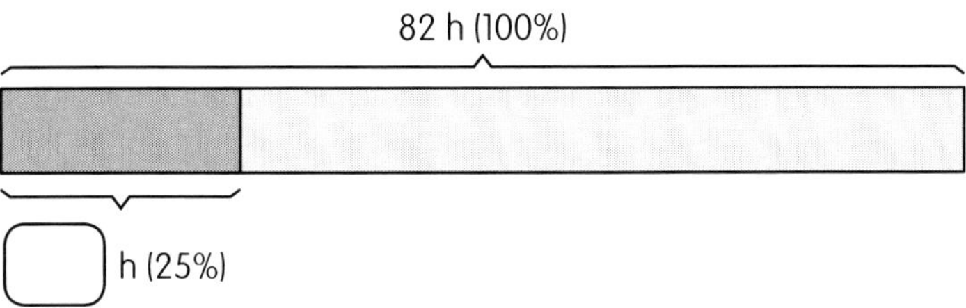

2. Luis corrió 68 metros y Mandy corrió el 55% de la distancia que corrió Luis. ¿Qué distancia corrió Mandy?

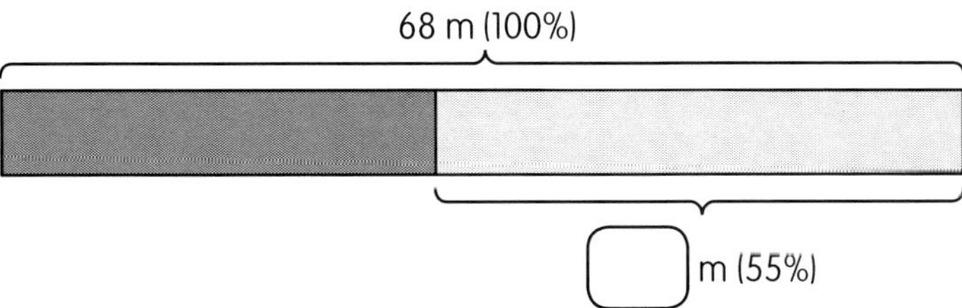

Halla la cantidad representada por cada porcentaje.

3. 36% de 540 galones

4. 110% de $610

Resuelve.

5 15% de un número es 30. Halla el número.

6 45% de un número es 180. Halla el número.

7 175% de un número es 91. Halla el número.

8 350% de un número es 2,205. Halla el número.

9 Una bolsa está llena de frijoles rojos y de frijoles verdes. Del número total de frijoles, 30% son rojos. Hay 720 frijoles rojos. ¿Cuántos frijoles hay en la bolsa?

10 Lillian hace 480 sándwiches. 25% son sándwiches de atún, 45% son sándwiches de jamón y los demás son sándwiches de huevo. ¿Cuántos sándwiches de huevo hay?

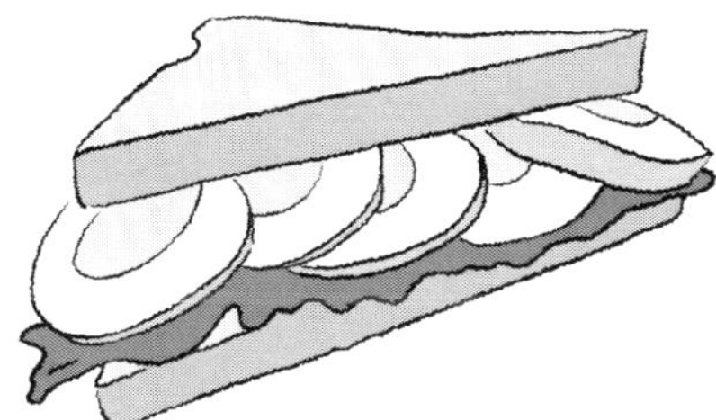

11 La Srta. Stewart tiene $660. Usa 30% de su dinero para comprar un vestido y 20% de lo restante para comprar un par de zapatos. ¿Cuánto le queda?

12 42% de las páginas en un libro tienen imágenes y las demás no tienen imágenes. Hay 462 páginas con imágenes en el libro.

a ¿Cuál es el número total de páginas en el libro?

b ¿Cuántas páginas del libro no tienen imágenes?

13 Alyssa, James y Elsa siembran plantas jóvenes en la huerta de la escuela. Alyssa siembra 40% del número total de plantas. James siembra 35% del número total de plantas y Elsa siembra el resto de las plantas. Ella siembra 88 plantas. ¿Cuántas plantas siembran los tres niños en total?

14 Una caja contiene 160 frutas. 15% de las frutas son manzanas, 25% de las que quedan son melones y las demás son naranjas. ¿Cuántas naranjas hay en la caja?

15 En un carnaval de la escuela, 95% son estudiantes y los demás son maestros. Hay 800 personas en el carnaval.

a ¿Cuántos estudiantes hay en el carnaval de la escuela?

b 45% de los estudiantes en el carnaval de la escuela llevan reloj. ¿Cuántos estudiantes llevan reloj?

c ¿Cuántos maestros hay en el carnaval de la escuela?

d 40% de los maestros llevan reloj. ¿Cuántos maestros no llevan reloj?

Nombre: _______________________________ Fecha: _______________

Práctica adicional y tarea
Porcentaje

Actividad 4 Problemas cotidianos: Porcentaje

Resuelve. Comprueba que tus respuestas sean razonables.

1. Destiny recoge 90 botellas para reciclar. 27 de las botellas son de plástico y las demás son de vidrio.

   a ¿Qué porcentaje de las botellas son de plástico?

   b ¿Qué porcentaje de las botellas son de vidrio?

2. Un vendedor recibe una comisión del 5% por la venta de cada casa. La comisión para una casa es $690. ¿Cuál es el precio de la casa?

3 La Sra. Cox y sus tres amigas están cenando en un restaurante. La comida que piden cuesta $80. La cuenta incluye 15% adicional por el servicio. ¿Cuánto paga cada persona si reparten la cuenta equitativamente?

4 El Sr. Brooks tiene un presupuesto de $2,000 para comprar una lavadora. El precio de la lavadora es $1,450. ¿Tiene el Sr. Brooks suficiente dinero para comprar la lavadora, dado que el impuesto sobre la venta es del 10%? Explica tu respuesta.

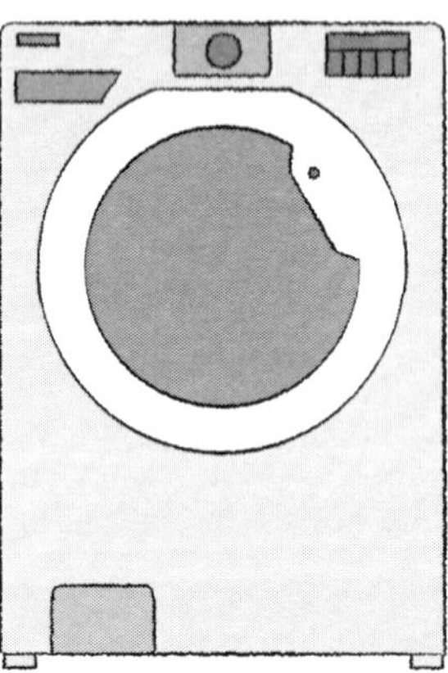

5 El Sr. Ward invierte $45,000 en un banco al principio del año. Recibirá una tasa de interés del 8% por año, pero tendrá que pagar un impuesto del 15% sobre el interés que recibe.

a ¿Cuánto interés habrá ganado el Sr. Ward al cabo de un año, después de pagar el impuesto?

b ¿Qué porcentaje de la inversión del Sr. Ward es el interés después de pagar el impuesto?

c ¿Cuánto interés habrá ganado el Sr. Ward al cabo de $\frac{1}{2}$ año, después de pagar el impuesto?

6 El Sr. Collins compra una mesa y un sofá por $2,028. La mesa cuesta 30% del precio del sofá. ¿Cuál es el precio del sofá?

7 Hay 1,800 panes en una panadería. 45% de ellos son *pretzels* y los demás son cruasáns. 30% de los *pretzels* están recubiertos de chocolate. 70% de los cruasáns. están recubiertos de chocolate.

a ¿Cuántos cruasáns hay en la panadería?

b ¿Cuántos *pretzels* están recubiertos de chocolate?

c ¿Cuántos cruasáns están recubiertos de chocolate?

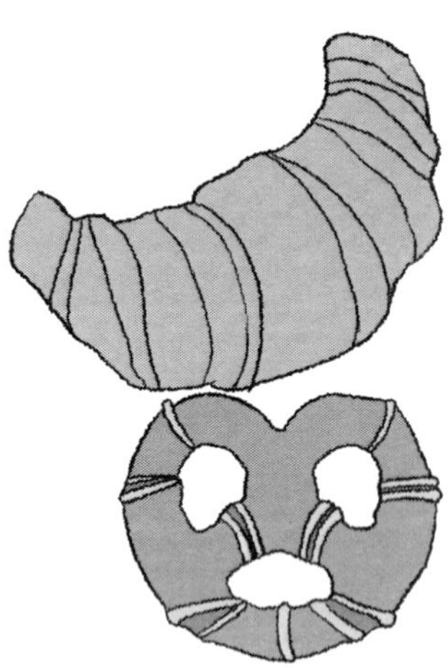

Nombre: ______________________ Fecha: ____________

Hábito para matemáticas 3 Elaborar argumentos viables

Joshua respondió la siguiente pregunta incorrectamente.

En la figura, el área de la parte sombreada, *DGHI*, es 37.5% del área del rectángulo *ADFE*. El rectángulo *ADFE* es 80% del área del rectángulo *ABCD*. ¿Qué porcentaje del rectángulo *ABCD* está sombreado?

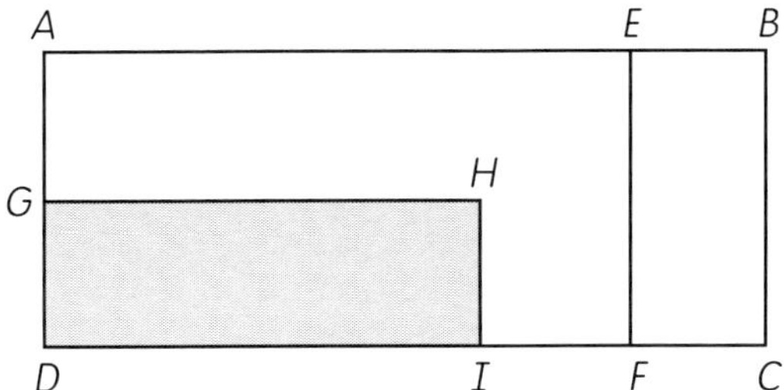

Solución de Joshua:

Porcentaje del rectángulo *ABCD* sombreado $= \frac{37.5}{80} \times 100\%$

$= 46.875\%$

46.875% del rectángulo *ABCD* está sombreado.

Explica el error de Joshua.

¡DESAFÍA TU MENTE!

Hábito para matemáticas 1 Perseverar en la resolución de problemas

20% de los libros en una biblioteca son de ficción y los demás son de no ficción. Cuando se han prestado 30% de los libros de ficción y 15% de los libros de no ficción, quedan 1,312 libros en la biblioteca. ¿Cuántos libros se han prestado?